BEI GRIN MACHT SICH IHR WISSEN BEZAHLT

- Wir veröffentlichen Ihre Hausarbeit,
  Bachelor- und Masterarbeit

- Ihr eigenes eBook und Buch -
  weltweit in allen wichtigen Shops

- Verdienen Sie an jedem Verkauf

**Jetzt bei www.GRIN.com hochladen
und kostenlos publizieren**

Bibliografische Information der Deutschen Nationalbibliothek:

Die Deutsche Bibliothek verzeichnet diese Publikation in der Deutschen National-
bibliografie; detaillierte bibliografische Daten sind im Internet über http://dnb.d-
nb.de/ abrufbar.

Impressum:

Copyright © 2016 GRIN Verlag, Open Publishing GmbH
Druck und Bindung: Books on Demand GmbH, Norderstedt Germany
ISBN: 9783668366343

Dieses Buch bei GRIN:

http://www.grin.com/de/e-book/347091/marketing-in-der-fitnessbranche-preisma-
nagement-kooperationen-strategische

Pascal Florczyk

Marketing in der Fitnessbranche. Preismanagement, Kooperationen, strategische Analysemethoden, Corporate Identity und Digitalisierung

GRIN Verlag

GRIN - Your knowledge has value

Der GRIN Verlag publiziert seit 1998 wissenschaftliche Arbeiten von Studenten, Hochschullehrern und anderen Akademikern als eBook und gedrucktes Buch. Die Verlagswebsite www.grin.com ist die ideale Plattform zur Veröffentlichung von Hausarbeiten, Abschlussarbeiten, wissenschaftlichen Aufsätzen, Dissertationen und Fachbüchern.

Besuchen Sie uns im Internet:

http://www.grin.com/

http://www.facebook.com/grincom

http://www.twitter.com/grin_com

Deutsche Hochschule für

Prävention und Gesundheitsmanagement

Hermann Neuberger Sportschule 3

66123 Saarbrücken

Einsendeaufgabe

Fachmodul: Marketing II

Studiengang: B.A. Fitnessökonomie

Datum
Präsenzphase   **18.07 bis 21.07.2016**

Name, Vorname: Florczyk, Pascal-Konrad

Studienort: **Köln**

Semester: 6

Literaturverzeichnis

1 Preismanagement und Kooperationen

Im folgenden Abschnitt wird die Frage des Preismanagements geklärt um mit der eigenen Firma weiter expandieren zu können. Über die Preiselastizität der Nachfrage kann die Preisänderung und die damit verbundenen Folgen für den Betriebsumsatz angezeigt. (R.Olbricht, 2001)

1.1 Preiselastizität der Nachfrage

Die Preiselastizität ist ein Maß für die Reaktion der Kunden auf Preisänderungen, gemessen am Produktabsatz.
(R.Olbricht, 2001)

$$(\varepsilon) = \frac{\ddot{A}nderung\ der\ Menge\ (M)\ in\ \%}{\ddot{A}nderung\ des\ Preises\ (P)\ in\ \%}$$

$$\varepsilon < -1 = elastische\ Nachfrage$$

$$\varepsilon > -1 = unelastische\ Nachfrage$$

Abbildung 1: Allgemeine Formel zur Berechnung der Preiselastizität der Nachfrage

Die Folgetabelle zeigt die gegebenen Parameter zur Berrechnug der Preiselastizität der Nachfrage für die X&Y GmbH:

Tabelle-1: Analysedaten der Preiselastizität der Nachfrage der X & Y Health GmbH

Januar 2014	2.600	49,95€
Nach Preiserhöhung	2.400	54,95€

$$\varepsilon\ von Nachfrage = \frac{\frac{(M2-M1)}{M1}}{\frac{(P2-P1)}{P1}} = \frac{\frac{(2400-2600)}{2600}}{\frac{(54,95-49,95)}{49,95}} = \frac{(-0,077)}{0,1} = -0,77$$

Betrag von 0,77 -> 0 kleiner E und 1 ist größer -> unelastisch, der Preis ändert sich relativ weniger stark als die Menge X

Durch eine Preiserhöhung von 49,95€ auf 54,95€ wird mit einem Mitgliedschaften-Rückgang von 2.600 auf 2.400 gerechnet. Diese Preisreaktion ist mit einer Preiselastizität von -0,77 als unelastische Nachfrage zu werten. „Die Preiselastizität der Nachfrage ist ein Maß dafür wie stark der Absatz eines Produktes auf eine Preisänderung reagiert." Eine unelastische Preiselastizität bedeutet, dass die (Absatz-)menge nur sehr schwach auf Preisänderungen reagiert. (Olbrich, 2001)

Für die X&Y GmbH bedeutet dies, dass das Unternehmen klar auf dem Markt positioniert ist und Interessenten wenige Ausweichmöglichkeiten haben. Der Mengenverlust an Mitgliedern nach Preiserhöhung ist im Verhältnis sehr gering, demnach ist die Prognose diese Preiserhöhung als rentabel einzustufen.

1.2 Preisbildung

Die Preisbildung hat in der Wirtschaft eine essenzielle Rolle. Ohne klare Strukturen kann sich ein Unternehmen auf dem Markt nicht durchsetzen. Für eine optimale Preisbildung müssen unterschiedliche Faktoren beachtet werden. (wirtschaftslexikon24.com, 2014)

1.2.1 Anlässe der Preisbildung

Die X&Y GmbH beschränkt sich auf fünf Anlagen im süd-westlichen Bundesgebiet. Um die Firma zu vergrößern, ist eine Expansion in Planung, weitere Studios auf dem deutschen Gesundheits- und Fitnessmarkt aufzubauen.

„Just to reatin ist relative position, a business firm must go through continous growth and change. To improve its position, it must grow and change at least twice as fast that." (Ansoff, ,1957, S.113)

Mit dieser Aussage von Ansoff, ist das Ziel jedes Unternehmens, sich auf dem Markt klar zu positionieren, zu festigen und im besten Falle Märkte zu erschließen. Zur strategischen Planung, wird von der Produkt-Markt-Matrix nach Ansoff Gebrauch gemacht. Sie dient als Planungsinstrument für die Wachstumsstrategien.

Tabelle-2: Ansoff-Matrix, Planungsinstrument für Wachstumsstrategien (B.Sobhani, 2009)

		Markt	
		bestehender	neuer
Produkt	bestehendes	Marktdurchdringung	Marktentwicklung
	neues	Produktentwicklung	Diversifikation

In Anbetracht der Ansoff-Matrix, ist die X&Y Health GmbH ihren bestehenden fünf Anlagen auf dem Fitness-und Gesundheitsmarkt richtig positioniert. Die Leistungen und Produkte, in der Ansoff-Matrix unter Produkt zu finden, werden gut nachgefragt, sonst würde sich der Gedanke der Steigerung des Unternehmensvolumens nicht äußern. Es wird folglich ein bestehendes „Produkt" auf einem bestehenden Markt ausgebaut, deshalb ist Marktdurchdringung als Wachstumsstrategie im Bereich des Strategischen Managements für die X&Y Health GmbH anzusetzen.

1.2.2 Kostenorientierte Preisbildung

Die kostenorientierte Preisbildung ist die klassische Form der Preisbildung. Für die Preisbildung werden alle variablen und fixen Kosten im Betrieb herangezogen. Mit Hilfe des Zuschlagsverfahrens soll ein Mitgliedschaftsbeitrag (brutto) pro Monat, mit einem Gewinnzuschlag von 25 berechnet werden. (wirtschaftslexikon24.com,2014)

Tabelle-3: Übersicht gegebener Werte (eigene Darstellung)

Gewinnzuschlag	25%
Mitgliederzahl	2.500
Fixkosten	725.000€ / Jahr -> 60.416,67€ / Monat
Variable Kosten	10,00€ / Mitglied / Monat x 2.500 Mitglieder = 25.000€ / Monat

In der folgenden Abbildung wird der Rechenweg zur Berechnung des endgültigen Mitgliedsbeitrags dargestellt:

$$KostenproMitglied = variableKosten + \left(\frac{Fixkosten}{Mitgliederzahl}\right)$$

$$= 10,00€ + \left(\frac{60.416.67}{2.500}\right) = 34,17€$$

$$BeitraginklusivePreisaufschlag(netto) = \frac{PreisproEinheit}{(100Prozent - Preisaufschlag)}$$

$$= \frac{34,17€}{(100\% + 25\%)} = 45,56€$$

$engültigerBruttoMitgliedsberag = Nettobeitrag * $ Mehrwertsteuer $= 45,56€ *1,19 =$ 54,22€

Abbildung 3: Berechnung des endgültigen Brutto Mitgliedsbeitrag

Der endgültige Brutto-Mitgliedsbetrag (pro Monat) beträgt, bei einem Gewinnzuschlag von 25%, 54,22€ für die X&Y Helth GmbH.

1.2.3 Konkurrenzorientierte Preisbildung

Unternehmen richten sich in einer Konkurrenzorientierten Preisbildung nach den Preisen der Konkurrenz im selben Marktsegment. Die Orientierung erfolgt bei homogenen Produkten über einen Branchenpreis, welcher sich durch den Durchschnitt aller Konkurrenten errechnen lässt. Außerdem kann der Preis über den Marktführer, ungeachtet der unterschiedlichen Kosten, gebildet werden. (G.Grasset, 2015) Diese Methode ermöglicht es Unternehmen, sich dem Gleichgewicht zu nähern, außerdem ist diese in der Preisbestimmung weniger risikoreich.

Im Marktgebiet der X&Y Health GmbH wird ein gleich positionierter Konkurrent eine Neue Anlage eröffnen. Der angebotene Preis wird 5 bis 10 Euro unter der geplanten Preisvorstellung liegen. Die X&Y GmbH muss reagieren um seine Mitglieder und potenziellen Kunden nicht an die kommende Konkurrenz zu verlieren. Es bieten sich drei Möglichketen an um auf den Konkurrenten zu reagieren: Den Preis senken, den Preis anpassen oder den Preis sogar erhöhen. Um dem Kunden mehr Auswahlmöglichkeiten zu bieten, aber gleichzeitig nicht die Falsche Entscheidung bei der Preisfestsetzung zu treffen, wird das derzeitig Clubkonzept überarbeitet und in 3 Preiskategorien unterteilt. Zudem kann zwischen zwei Laufzeiten gewählt werden, dem Ein-Jahresvertrag und dem Zwei-Jahresvertrag.

In der nachfolgen Tabelle sind drei Preiskategorien zum besseren Verständnis aufgeführt:

Tabelle -4: Übersicht der Preiskonzepte der X & Y Health GmbH

Preiskategorie	Leistungsangebot	Laufzeit	Beitrag in €
Light Version	- Training an Geräten	12 Monate	34,99€ / Monat
		24 Monate	29,99€ / Monat
Klassische Standardva-riante	- Training na Geräten - Kurse	12 Monate	49,99€ / Monat
		24 Monate	39,99€ / Monat
Premium	- Training an den Geräten - Kurse - Wellness-Bereich	12 Monate	64,99€ / Monat
		24 Monate	54,99€ / Monat

Die Preiskonzeption unterscheidet sich in ihrer Angebotsvielfalt. Mit dem niedrigsten Preis angesetzt ist die Light-Version. Bei einem Beitrag von 34,99 Euro für ein Jahr ist das Training an den Geräten möglich. Es wird einmalig eine Anamnese durchgeführt, Trainingsplan erstellt und eine InBody-Messung durchgeführt. (InBody, 2015) Die klassische Standard-Variante, mit 49,90Euro im Jahr, beinhaltet dieselben Angebote. Zusätzlich können Kurse besucht werden und es kommt zweimal im Jahr zu einer Trainingsplan-Modifizierung mit einem Trainer, sowie 2 Körperanalysen im Jahr. Die Premium-Variante hat alle bereits genannten Punkte inne und wird durch eine detailgetreue Trainingsbetreuung verstärkt mit quartalsweiser Trainingsplanevaluation, Körperanalysen und Kraftmessungen. Außerdem ist die Nutzung des Wellness-Bereichs im Preis mit inbegriffen. Der Preis liegt bei 64,99 Euro im Jahr.

Wählt man eine Vertragslaufzeit von zwei Jahren vergünstigt sich der monatliche Beitrag je nach Konzept um 5 bis 10 Euro.

Ziel ist es, mit dem Light-Konzept der möglicheren Fluktuation zum günstigeren Konkurrenten entgegenzuwirken. Die Standardvariante mit dem geplanten Preis ist bewusst als Zwischenkonzeption gewählt worden, um den potenziellen Kunden den Fokus auf diese zu legen. Kunden greifen nach eigner Erfahrung zur Preisspannenmitte.

Liquide Kunden beziehungsweise. Kunden, die bereit sind mehr auszugeben, ist das Premium-Konzept zu empfehlen. Dieses soll aber in erster Linie den potenziellen Kundenstamm auf die Standardvariante lenken. Die Standardvariante wird folglich als günstiger wahrgenommen, obwohl der Preis höher als der des Konkurrenten angesetzt ist.

2 Strategische Analysemethoden

Im kommenden Abschnitt wird der Marktführer Fitness First analysiert. Ziel ist es mögliche Strategien auf das eigene Unternehmen der X&Y Health GmbH anzuwenden und vom Marktführer zu lernen.

2.1 Five Forces-Modell nach Porter

Das Five Forces-Modell nach Porter oder auch Branchenstrukturanalyse, analysiert wie attraktiv eine Branche ist. Dafür werden fünf Komponenten untersucht und auf Basis der Ergebnisse bewertet. Die folgen fünf Komponenten bilden die sogenannten „Five Forces" : (manager-wiki.com, 2016)

- Verhandlungsmacht der Lieferanten
- Verhandlungsmacht der Kunden
- Bedrohung durch Mitbewerber / Konkurrenz
- Bedrohung durch Ersatzprodukte
- Wettbewerbsintensität in der Branche

Im folgenden Abschnitt wird das Five Forces-Modell im Bezug auf die Fitness First GmbH angewandt und im Detail beschrieben.

Um dem Verlauf der Erläutung besser folgen zu können, wird in der nachfolgenden Abbildung das Five Forces-Modell dargestellt:

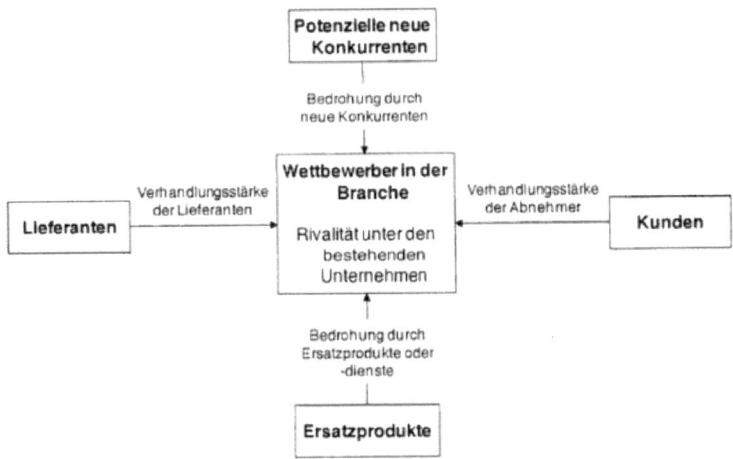

Abbildung 4: Das Five Forces-Modell nach Porter (R.Knop, 2009)

Die Verhandlungsmacht der Lieferanten:

Die Verhandlungsmacht der Lieferanten ist die Macht, die das Zulieferer-Interesse in einer Geschäftsbeziehung mit dem Unternehmen durchsetzt. Bei einem Produkt mit hoher Differenzierung, zum Beispiel starker Eigenmarke von Supplementen, hat das Unternehmen eine große Abhängigkeit gegenüber dem Lieferanten, da eine Umstellung auf andere Lieferanten mit großen Kosten verbunden ist. Das würde eine hohe Verhandlungsmacht des Lieferanten bedeuten. Außerdem ist am Beispiel von Fitness First hervorzuheben, dass die Kundschaft die Qualität in den gewohnten Produkten sieht und neue Produkte mit Skepsis betrachtet werden. Ein Produkt kann deshalb nicht einfach ersetzt werden. Deshalb ist es umso attraktiver, je geringer die Verhandlungsmacht der Lieferanten ausfällt.

Die Verhandlungsmacht der Kunden:

Die Verhandlungsmacht der Kunden ist die Macht, die das Interesse in einer Geschäftsbeziehung mit dem Unternehmen durchsetzt. Für das Unternehmen bedeutet das, wie stark Produktpreise und Qualität an den Kundenwunsch angepasst werden müssen. Bei einer hohen Verhandlungsmacht des Kunden, wird mit geringer Differenzierung. Wird schnell zwischen dem Unternehmensprodukt und einem Ersatzprodukt gewechselt, da unter anderem in der Fitnessbranche die Umstellkosten sehr gering sind. Der Kunde hat am Beispiel von Eiweißpulver die Möglichkeit schnell kostengünstigere Produkte mit gleicher, ähnlicher Qualität zu bekommen. Selbst ein Studiowechsel ist mit keinem großen Aufwand verbunden. Dem Kunden muss eigene ausgewogene Angebotsvielfalt präsentiert werden, um diesen an das Studio zu binden.

Fitness First Germany GmbH ist ein Studio des gehobenen Premium-Segments und ist für seinen hohen Standard in Form von hoher Qualität und Top Service bekannt. Außerdem ist eine große Angebotsvielfalt vorhanden. Diese Standards in diesem Segment machen es dem Marktführer leichter Kunden zu halten, da ein Kunde erst einmal etwas auf diesem vergleichbaren Niveau finden muss.

Potentielle Mitbewerber:

Eine Zunahme von Mitbewerbern bedeutet, dass es eine höhere Angebotsvielfalt gibt. Der Preisdruck erhöht sich, denn das Verhältnis von Angebot und Nachfrage verändert sich. Um sich auf dem Markt von der Konkurrenz abzuheben und um den Kundenstamm halten bzw. erweitern zu könne, sind alle Mitbewerber gezwungen die Preise zu senken. Liegt eine erhöhte Kundenbindung zu den eigenen Produkten vor, ist dem potentiellen Mitbewerber der Markteintritt erschwert. Da Fitness First Germany GmbH sowohl mit der Angebotsstruktur und den zahlreichen Standorten breit im gefestigt ist, ist mit unter Einbezug der hohen Qualität und des erstklassigen Service, hat es ein potentieller Mitbewerber schwer sich zu etablieren. Findet sich ein direkter Konkurrent mit vergleichbarem qualitativem Angebot, hätte dies erhebliche Folgen für die Preisstruktur des Marktführers.

Bedrohung durch Ersatzprodukte:

Ersatzprodukte sind Produkte, die Kundenbedürfnisse befriedigen, vom Kunden jedoch anders wahrgenommen werden. Bei Bedarf, zum Beispiel bei Preisänderungen, wechseln Kunden zu diesen Produkten. Die Branche wird durch Ersatzprodukte negativ beeinflusst. Ein Beispiel für Ersatzprodukt die Fitnessbranche, welche den Fitnessstudios, auch Fitness First, gefährlich werden könnte, ist das Online-Training, das Training mit unterschiedlichen Online-Programmen, unter anderem Apps. Der Trend geht zur Digitalisierung (Frankfurter Neue Presse, 2016)

und zum damit gesundem Lebensstyle/Lifestyle, damit zur Abnahme von Mitgliederzahlen, da immer mehr Personen das Heim-Training bevorzugen.

Auch bei der Fitness First Germany GmbH wird sich die Fluktuation der Mitglieder durch das „Ersatz-Online-Studio" manifestieren.

Wettbewerbsintensität in der Branche:

Die Wettbewerbsintensität wird nach Porter auch Wettbewerbsrivalität genannt. Es wird zwischen Preiswettbewerb und Leistungswettbewerb unterschieden. Beim Preiswettbewerb unterbieten sich die Mitbewerber mit den Preisen. Beim Leistungswettbewerb überbieten sich die Rivalen mit Leistungsangeboten und treiben dadurch ihre eigenen Kosten in die Höhe. Beide wettbewerbsformen haben negative Auswirkungen auf die Marktattraktivität und auf den Gewinn eines jeden Unternehmens. Einen großen Einfluss hat die Anzahl der Wettbewerber. Eine hohe Wettbewerberzahl führt zu einem hohen Wettbewerbsdruck. Man nähert sich immer mehr den Grenzkosten und minimiert seinen Gewinn. Eine Auslastung und Überkapazität über das Nachfrager-Niveau, führt zu einem Anbieterkampf eine Auslastung zu erzielen und damit zu einem intensiven Preisdruck. Die Branchenattraktivität sinkt durch Preisdumping.

Würde zum Beispiel ein Discounter, wie der Marktführer MC Fit, seine Angebotsstruktur erweitern und den Ausbau auf dem erhöhtem Preissegment-Niveau mehr fördern, würde dies zu einem vergleichbaren Konkurrenten von Fitness First werden. Dadurch würde es zu deutlichen Verlusten auf Seiten der Mitgliederzahlen Von Fitness First kommen. Vergleichbare Konkurrenten sind derzeit Health City. (Health City German GmbH, 2016) und regional Just Fit Clubs. (justfit-clubs.de, 2016)

2.2 Durchführung einer SWOT-Analyse

Die SWOT-Analyse ist ein Instrument zur Ist-Bestandsaufnahme eines Unternehmens und dient der Strategiefindung durch eine Stärken-Schwächen-Analyse. Es sollen Potenziale ausgeschöpft, Schwächen zu Stärken entwickelt, Stärken genutzt und Risiken beseitigt werden. (controllingportal.de, 2016)

Für die Analyse werden Stärken und Schwächen als innere Faktoren und Chancen und Risiken als externe Faktoren berücksichtigt. (controllingportal.de, 2016)

2.3 Erstellung einer SWOT-Matrix

Zur korrekten Erstellung der SWOT-Matrix werden drei Teilschritte unterschieden: Im ersten Schritt steht die Ressourcen-Analyse, welche den Stärken die Schwächen gegenüberstellt. Im zweiten Schritt wird die Unternehmensumwelt analysiert, indem Chancen und Risiken des Unternehmens dargestellt und abgeglichen werden. Im finalen Schritt werden diese vier Felder zu der sogenannten SWOT-Matrix zusammengefasst. (Wirtschaftslexikon.gabler.de, 2016)

In den nächsten Abschnitten werden die Teilschritte der SWOT-Matrix im Detail für die Fitness First Germany GmbH erläutert.

2.3.1 Ressourcenanalyse

Fitness First Ltd. Zählt weltweit mit seinen 1,4 Millionen Mitgliedern in über 380 Clubs in 16 Ländern zu den größten Fitness-Unternehmen. Deutschlandweit ist die Fitness First Germany GmbH mit seinen 270.000 Mitgliedern in ca. 80 Filialen vertreten. Das Unternehmen zählt zu den führenden im Gesundheits-Fitnessanbieter und ist nahe in allen Großstädten vertreten. Um allen Bedürfnissen gerecht zu werden, gibt vier Clubkonzepte mit unterschiedlichen Angebots- und Zusatzstrukturen, nach welchen sich der Beitrag richtet. Das Fitnessunternehmen beschäftigt 4.300 Mitarbeiter deutschlandweit. Unter Berücksichtigung eines nachhaltigen Human Resources Ansatz, werden die Mitarbeiter regelmäßig geschult und fortgebildet, um einen Berufsaufstieg zu gewährleisten und die Mitarbeiter langfristig zu fördern.

Fitness First tritt bietet dem Arbeitnehmer eine leistungsbezogene und faire Vergütung an und legt zudem sehr viel Wert auf ein angenehmes Arbeitsklima, bei respektvollem Umgang. (Fitness First Germany GmbH, 2015)

Tabelle-5: Ressourcenanalyse: Stärken und Schwächen der Fitness First Germany GmbH

Stärken	Schwächen
Viele Studios an vielen Standorten	Hohe Mitgliedsbeiträge
Große Angebotsauswahl	Zuviel Angebot – keine klare Positionierung
Schulungen und Fortbildungen der Mitarbeiter	Qualität der Schulungen und Weiterbildungsmaß-nahmen

2.3.2   Analyse der Unternehmensumwelt

Das Alters-Verhältnis von Jung zu Alt kann nicht verhindert werden, - der demographische Wandel in Deutschland nimmt zu. Durch verbesserte medizinische Versorgung, gute Ernährung und verbesserten Arbeitsbedingungen lebt die Deutsche Bevölkerung länger. Das statistische Bundesamt prognostiziert mit ihrer Bevölkerungs-Vorausrechnung bis 2050 einen Bevölkerungsschwund von 10 Millionen Menschen.

Während die Geburtenrate abnimmt, da die weiblich Bevölkerung von Haus- zu Karrierefrauen werden und der Trend zu Singlehaushalten geht, nimmt die Bevölkerungszahl im Alter zu. Die Deutschen werden älter.

„ …weil die Deutschen immer länger leben, steigt der Anteil der Älteren in der Gesellschaft an. Während 2005 auf 1000 Erwerbstätige 316 Ruheständler im Alter von über 65 Jahren kamen, wird sich deren Zahl bis 2050 auf 644 erhöhen" (Berlin-Institut.org, 2016)

Ein höherer Anteil an ältere Bevölkerung bedeutet, dass mehr rehabilitative und gesundheitsorientierte Leistung in Anspruch genommen werden. Bereits etablierte Fitness – und Gesundheitsanbieter im Bereich Gesundheit und Prävention, wie zum Beispiel Kieser, bietet große Markteintrittsbarrieren für andere Anbieter.

Die Digitalisierung wächst stetig und gewinnt immer mehr an Zustimmung. Begünstigt durch die sich fortwährend entwickelnde Eigeninitiative von Menschen im Bereich Sport und Gesundheit, erfährt die Fitnessbranche deutlich steigernden Zuspruch im digitalen Sektor. Verbraucher nutzen Applikationen (Apps) zur Trainingsmotivation, Suchmaschinen (das Internet) um sich zu informieren, zum Beispiel zu Produkten oder Trainingsmethoden und Übungen, Angebote könne einfacher vergleichen werden und das Nutzen von Fitness-Trackern ist sehr gefragt. (Dr. G. Hackford, 2015,S.1 ff))

Diese Angebotsalternative darf nicht nur als Risiko gesehen werden, als Faktor der das Unternehmen schwächt. Viel eher sollte der Trend dankend angenommen und das Fitnessangebot in das im stationären Fitnessmarkt bestehende integriert werden, somit gewährleistet ein Fitnessunternehmen zeitgemäß zu sein und mit dem Trend zu gehen.

Tabelle-6: Chancen und Risiken der Fitness First Germnay GmbH

Chancen	Risiken
Demographischer Wandel in Deutschland -> erhöhte Nachfrage an Gesundheitsfördernden Maßnahmen	Hohe Eintrittsbarrieren im gesundheitsorientiertem Bereich –starke Konkurrenz gegeben
Digitalisierung – Erweiterung des Angebotsspektrums, mit dem Trend gehen ,,cool"	Verbraucher hat mehr Auswahl und Kenntnis – Preissensibilität erhöht
Trend zum Sporttreiben – mehr Interssenten,/ potenzielle Mitglieder	Schlechtere Betreuung, zu viele Kunden auf zu wenig Personal

2.3.3 Finale Matrix-Erstellung

Tabelle-7: SWOT-Matrix der Fitness First Germany GmbH (wirtschaftslexikon.gabler.de, 2016)

		Chancen (Opportunities)	Risiken (Threats)
		1.Demographischer Wandel in Deutschland -> erhöhte Nachfrage an Gesundheitsfördernden Maßnahmen	1.Hohe Eintrittsbarrieren im gesundheitsorientiertem Bereich –starke Konkurrenz gegeben
		2.Digitalisierung – Erweiterung des Angebotsspektrums, mit dem Trend gehen ,,cool"	2.Verbraucher hat mehr Auswahl und Kenntnis – Preissensibilität erhöht
		3.Trend zum Sporttreiben – mehr Interessenten,/ potenzielle Mitglieder	3.Schlechtere Betreuung, zu viele Kunden auf zu wenig Personal
Stärken (Strength)	1.Viele Studios an vielen Standorten 2.Große Angebotsauswahl 3.Schulungen und Fortbildungen der Mitarbeiter	- Fortbildungs-Fokussierung unter Berücksichtigung des Demographischen Wandels - Angebotsauswahl im Zuge der Digitalisierung ausweiten	- differenzierte Preisklassen für größere Zielgruppe - Schulungen auf spezifische Zielgruppe auslegen / Betreuung
Schwächen (Weaknesses	1.Hohe Mitgliedsbeiträge 2.Zuviel Angebot – keine	- Preis begründen -> Attraktivität der Angebote steigern	- Preissenkung bei Angeboten durch Einsparungen

|) | klare Positionierung | - durch Digitalisierung Kunden motivieren, informieren und mit Informationen versorgen | bei unnötigen Ausgaben |
| | 3.Qualität der Schulungen und Weiterbildungsmaßnahmen | | - Preisleistung im Bereich Gesundheit hervorheben |

3 Corporate Identity

„Corporate Identity steht für die einzigartige Identität Ihres Unternehmens – für den Gesamteindruck. Den Sie allein bzw. mit Ihren Mitarbeitern hinterlassen wollen. Ihr Angebot, Ihr Verhalten, Ihr äußeres Erscheinungsbild, Ihre Kommunikation intern und mit der Öffentlichkeit sind Facetten, die sich zu einem einzigen Bild zusammenfügen. "

(A.Weinberger, 2010, S.11)

3.1 Interview-Analyse

3.1.1 6 Anzeichen für eine Überarbeitung der Corporate Identity bei Kieser Training

Kieser Training überzeugt noch immer auf dem Markt genauso erfolgreich wie zu seinen Gründungszeiten 1967. Kieser vergleicht die Corporate Identity mit einem Haarschnitt, von Zeit zu Zeit müssen die Haare angepasst werden, um mit dem Trend mitzukommen.

Das Kernanzeichen der Imageanpassung ist die visuelle Modernisierung der Marke, wobei das Produkt Kieser gleichgeblieben ist. Aus dem Slogan „Starker Körper. Starke Haltung" wurde mit Hilfe der Werbeagentur Kunde & Co der neue Kieser-Leitsatz geformt: „Ja zu einem starken Körper."

Zudem wurde durch eine intensive Analyse, in Form einer Umfrage, festgestellt, dass die Farben mit grau und gelb nicht zeitgemäß seien. Die Farbe Gelb wird auf dem deutschen Markt bekannten Discounter identifiziert. Um nicht den Ruf zu schädigen und von den veraltenden Farben zurück in die Moderne zu finden, wurde zu der zeitloseren Farbe Blau gewechselt, welche sich bereits in Vergangenheit bewährt hatte.

Im Trainingsbereich ist es ebenfalls zu Anpassungen der Corporate Identity gekommen. Zu Beginn von Kieser Training sind zählten überwiegend Athleten zu den Aktiven. Durch den Zustrom des älteren Klienteles, wurde das klassische Fitnesstraining abgeschafft und das medizinische Gesundheits-Training rückte in den Fokus.

Im Marktgebiet Zürich ist Kieser hatte Kieser das einzige Fitnessangebot auf dem Markt. Mit dem Markteintritt des Konkurrenten John Valentine mit seinem Club Nova Park, glaubte Kieser mitziehen zu müssen und fügte seinem Angebot Saunabereich und Bar hinzu. Die Kunden wurden faul und anstatt zu trainieren, rückte das Entspannen in den Vordergrund, jedoch entfernte sich dieser Gedanke vom Sport, sodass Kieser sich für die Ursprungsvariante um entschieden hat. Der Fokus wurde auf den Sport und die Gesundheit zurückverlagert.

Ein Bestandteil der Corporate Identity ist das Marketing. Die Werbung lief zu 90 Prozent über Kundenempfehlung. Nach einer Überarbeitung, Lancierung einer Printkampagen, kam man dem modernen Bild näher. Über die sozialen Medien, wie der Homepage und über das quartalsweise erscheinende Kundenmagazin wurde das Werben qualitativ aufgewertet und durch den Blog von Werner Kieser ergänzt. Ziel ist es diese Werbemaßnahmen international weiter auszubauen.

Als Franchise-Unternehmen hat jeder Geschäftspartner „seien Umgebung um den Standort herum selber zu bearbeiten". Jeder Geschäftspartner ist für seine Marketingaktivität verantwortlich. Um diese Werbeanpassungen zu erleichtern, hat die Werbeagentur Kunde & Co ein Print-on-Demand-System entwickeln, mit welchem Anpassungen an Werbeelementen leicht vorzunehmen sind.(Interview 1, Kieser Training ; Intervie 2, Kieser Training)

3.1.2 Allgemeine Gründe für eine neue Ausrichtung der Corporate Identity und speziell bei Kieser Training

Wie bereits in der vorangegangen Aufgabe vorweg genommen, werden die Aspekte herangezogen die als Gründe für die Anpassung der Corporate Identity von Bedeutung gewesen sind.

Das äußere Erscheinungsbild eines jeden Unternehmens ist maßgeblich entscheidend für die Kunden-Akquise. Die Kaufentscheidung hängt zu großem Teil von dem Unternehmensimage ab. Liegt ein Negativ-Image des Unternehmens vor, kann das negative

Folgen in Form einer Entscheidung für den Konkurrenten und damit Kundenverlust zur Folge haben. Bei Kieser Training machte war ein solches Negativ-Image „für alte und kranke Menschen". Die Kunden bekamen ein völlig falsches Bild von Kieser Training vermittelt. Die eigentlich Eselsbrücke sollte lauten: „in einem kräftigen Körper und einem starken Rücken". Zur Vermeidung einer solchen Assoziation wurde eine Kehrtwende von Krankensport zum Sport vollzogen.

Ein weiterer bereits genannter Punkt, ist das visuelle Auftreten, das Logo von Kieser.

Ein Unternehmens-Logo dient dem Kunden dazu, das Produkt und das dazugehörige Unternehmen auf Anhieb wiederzuerkennen. Das Logo sollte daher individuell gestaltet werden und sich von anderen abheben. Sich ähnelnde Logos werden aus Verbrauchersicht schnell verwechselt, in Verbindung gebracht und führt zu Missverständnissen. So auch bei Kieser. Die gelbe Farbe im Kieser-Logo wurde mit dem Gelb eines in Deutschland weit verbreiteten Discounters in Verbindung gebracht. Dies könnte einem potentiellen Kunden ein Bild von geringerer Qualität vermitteln. Deshalb wurde eine Änderung der Farben von Gelb zu Marine-Blau vollzogen, um das „Fehl-Bild" aus der Welt zu schaffen.

Ein weiterer Aspekt für die Begründung der Unternehmensbild-Anpassungen, ist die Zielgruppe eines Unternehmens. Eine Zielgruppe kann sich aus den unterschiedlichsten Gründen und Faktoren verändern. Durch den derzeitigen demographischen Wandel gibt es mehr ältere Personen. Wenn die Veränderung größer ist, muss das Unternehmen darauf reagieren und das (Leistungs-)Angebot umstrukturieren. Am Beispiel von Kieser wäre das die Entwicklung zum medizinisch fundierten Training. Wo damals Athleten trainiert haben, gehören jetzt überwiegend ältere Leute zu den Nachfragern.

Um das Erscheinungsbild eines Unternehmens aufrecht zu erhalten, gilt es sich Neuerungen, Kundenwünschen anzupassen und mit Konkurrenten gleichzuziehe, um sich nicht überholen zu lassen. Neuerungen, Modernisierungen und Neuanschaffungen tragen zur Kundenzufriedenheit bei und sind nicht wegzudenken, wenn man den Unternehmenserfolg langfristig sichern möchte.

Mit dem Markteintritt des Konkurrenten Nova Park im Züricher Raum, hat Kieser unter Druck mitgezogen und Saunen und Bars in seine Studios einbauen lassen. Doch realisierte Kieser rechtzeitig, dass die Kunden vom Sport abgelenkt seien und der Trainingserfolg ausbleiben würde. Der eigentliche Unternehmensgedanke und Trainingsmoral wurde wieder hergestellt, indem alle Saunen und Bars entfernt wurden. Die Konzentration von Kieser liegt im Wesentlichen im Sport und im Slogan, nicht bei Extraleistungen. (Interview 1, Kieser Training ; Intervie 2, Kieser Training)

3.1.3 Vier Weitere Unternehmen bzw. Marken bei denen eine Veränderung der Corporate Identity stattgefunden hat

Unternehmen 1- T-Mobile:

T-Mobile überzeugt mit neuem Markenauftritt. T-Mobile hat 2013 seinen Corporate Design überarbeitet und die Marke sowohl visuell als auch inhaltlich verändert, sodass eine Entwicklung vom Innovator-Image zum kundennahen Anbieter für einfache und ganzheitlich Kommunikationslösung zu sehen ist. Der Markenauftritt von T-Mobile wird modernisiert und die Farbe Magenta wird eingeführt. Der Unternehmensname wurde auf das „T" und Mobile verkürzt. Die Änderung des Markenversprechens, von „Gemeinsam mehr erleben" zum Slogan „Das verbindet uns", macht die Imageveränderung deutlich. Dieses neue Image wird in alle Bereiche des Marketings nach außen getragen. Der Fokus ist der Kunde. Das Wort „Verbindet" wird in jeglicher Form genutzt um ein Gefühl der Gemeinsamkeit und einfachen Vernetzung zu erzeugen. Besonders in Verbindung mit Fußball, generell Sport und der Musik, wird viel mit dem Teilsologen gespielt. Durch die Kundenfokussierung kommt es zudem zu einer Gleichstellung von Neukunden und treuen Bestandskunden, sodass beide Parteien von Vorteilen, wie Vergünstigungen profitieren. Somit hat die Image-Änderung Folgen auf die Kundenbindung und Kunden-Akquise. (Telekom-presse.at, 2013)

Unternehmen 2 - Vodafone:

Nach 10 Jahren wird die rote Vodafone-Box abgelöst. In Verbindung mit der Vodafone Group und The Brand Union entwickelten Vodafone Deutschland ein neues Stilelement für ihre Corporate Identity- einen Rhombus. Dieses Element soll Dynamik und Kraft und bieten. Außerdem soll es eine stark grafische Fläche bieten, die auf allen Kanälen einzusetzen ist. In erster Linie ging es bei dem Image-Wechsel darum, dass die veraltete Gestaltungsform durch eine neue ersetzt wird, um den heutigen modernen und medialen

Erfordernissen zu genügen. Die neue Corporate Identity wurde auf allen Ebenen umgesetzt, angefangen bei internem Paper, über TV-Spots, bis hin zu jedem einzelnen Shop. (Horizont.net, 2013)

Unternehmen 3 – Daimler:

„Mit der Einführung des neuen Corporate Design wollen wir nach innen und außen zeigen, dass Daimler sich auch in der Unternehmensdarstellung konsequent weiterentwickelt. Die Dachmarke Daimler präsentiert sich mit der neuen Farbenwelt noch wertiger und innovativer als bisher", waren die Worte in der Pressemitteilung zum Imagewechsel von Jörg Howe, dem Leiter der Global Communication.

Die wohl größte Veränderung der Corporate Identity ist die Modifizierung des Logos. Das neue Corporate Design wechselt von weißem Untergrund mit marineblauem Schriftzug zur Leitfarbe Silber. Die sogenannte „Silberpfeile" soll die Daimler AG als modernes High-Tech-Unternehmen stärker repräsentieren. Der Schriftzug ist gleich geblieben, nur der Hintergrund ist edler. Mit dieser Veränderung möchte die Daimler AG die Nähe seines stärksten Produktes, der Marke Mercedes-Benz, repräsentieren.

Chromhochglanz als Edelmarke. Das Corporate Design wurde in den vergangenen Monaten auf allen Kommunikationskanälen publiziert. (designtagebuch.de, 2015)

Unternehmen 4 – McFit:

Der Marktführer der europäischen Fitnessanbieter änderte im Dezember 2012 sein Corporate Identity. Durch das Positionieren im international Markt und Öffnung weiterer Filialen, rückte die Veränderung des Corporate Designs in den Vordergrund. Der Markenauftritt musste verbessert werden. Der weiße Hintergrund des Logos ist von weiß auf einen Blau-Anthrazit-Farbton gewechselt. Das blaue Band, mit Retro-Look, wurde in einem gelben Band mit Schlaufen-3-D Optik. Der Schriftzug wurde aus dem veralteten Band getrennt und befindet sich unterhalb des Logozeichens. Die neue Optik soll gegenüber der alten Version mehr Dynamik vermitteln. Dem dynamischen Gedanken mitziehend, werden beim Fotoartwork Models in „Action" gezeigt, was bedeutet, dass diese schwitzen.(Designtagebuch.de, 2012)

Die Umsetzung erfolgt auf allen bekannten Plattformen.

Außerdem wurde Anfang 2013 eine neue Kampagne mit neuem Slogan gestartet: „#Der Wille in dir". Dieser Satz in Verbindung mit dem Hashtag, soll eine Vernetzung der Fitness-Community begünstigen. Der Verweis auf die sozialen Netzwerke gemeinsam an seinen Zielen zu arbeiten und sich zu motivieren. (McFit, Pressemitteilung, 2013)

3.2 Marktstrategien

3.2.1 Markt- und Wettbewerbsstrategien von Kieser Training

Kieser verfolgt das Konzept einer differenzierten Marktspezialisierung. Kieser ist ganzheitlich betrachtet zwar ebenfalls ein Fitnessanbieter, doch das Erfolgskonzept von Kieser Training basiert nicht auf dem Standard-Fitnessangebot, sondern durch die gezielte Spezialisierung auf bestimmte Kundengruppen. In erster Linie geht es bei Kieser um Beschwerdefreiheit und einen gesunden Körper. Der Fokus der Marktspezialisierung liegt in der Differenzierungsstrategie. Kieser hebt sich vom Markt durch seine Qualität, medizinischem Grundkonzept und Eigenmarken ab. (B.Sobhani, 2009, S.151)

3.2.2 Strategieanwendung auf Basis der Produkt-Markt-Matrix

Auf Basis der der Produkt-Markt-Matrix, werden zwei Strategien, näher erläutert. Zum näheren Verständnis Sie dazu Tabelle Zwei im Text.

1. Strategie der Produktentwicklung :

Zu Gründerzeit sind ist der Fokus auf das Rückentraining gelegt worden. Oberste Priorität hatte die Beschwerdefreiheit der Rückenmuskulatur. Kieser erkannte Marktlücken und entwickelte die ersten Maschinen weltweit zur Stärkung der Beckenbodenmuskulatur und des Sprunggelenks. (Interview 2, Kieser Training)
Hier findet di Produktentwicklungsstrategie Anwendung. Es werden Produkte neu entwickelt und auf dem bestehenden Markt eingeführt.

2. Strategie der Marktentwicklung :

Kieser Training ist derzeit in 8 Ländern mit 140 Filialen vertreten. Zu den Ländern gehören Großbritannien, Deutschland, Österreich, Luxemburg, Spanien, Tschechien und sogar Australien. In den kommenden Jahren ist Expandieren in weitere Länder auf dem internationalen Markt in Planung. Kieser möchte mit seinem bestehenden Leistungsangebot neue Märkte, im internationalen Raum, erschließen. Daraus ergibt sich die Marktentwicklungsstrategie. (Kieser-training.de, 2016)

4 Digitalisierung in der Fitness- und Gesundheitsbranche

„Die Fitnessbranche befindet sich im Wandel. Neben den konventionellen Fitness-Anbietern ist der Markt in den letzten Jahren insbesondere aufgrund technologischer Entwicklungen durch digitale Angebote stark ergänzt worden und ist dabei, sich zu diversifizieren. Gesundheitsanwendungen über Smartphone, Tablet und dem Computer werden noch von wenigen täglich benutzt, gehören jedoch bald mit großer Wahrscheinlichkeit für Viele zum Alltag. Digital Health gilt als einer der zukunftsträchtigen und vielversprechendsten Expansionsbereiche und könnte den Gesundheitsmarkt signifikant verändern." (Dr. Gregor Hackfort, 2015)

Möglich Trends zur Umsetzung der Digitalisierung:

Ein Trend von höchster Beliebtheit ist derzeit die Nutzung von Fitness-Applikationen, mit welchen der aktuelle Trainingszustand gemessen, bewertet und verbessert werden kann, der gesunde Lifestyle aufrechterhalten wird und als Motivator genutzt werden kann. Außerdem werden je nach Applikation unterschiedlich wählbare Trainingsprogramme angeboten mit wahlweise kurzen oder langen Zeitfenstern. Es ist daher möglich ein komplettes Trainingsprogramm zu Hause zu absolvieren, sich Trainingstipps über diese Applikationen zu holen, die Ernährung und Trainingshäufigkeit über Fitnesstagebuch-Applikationen festzuhalten und sich einer enormen Auswahl an Trainingsplänen und Übungen zu erfreuen. (Dr.G. Hackford, 2015)

In Verbindung mit Trainingsapplikationen, wie Runtastic (runtastic.com, 2016)

zum Lauftraining, werden verstärkt immer mehr „usefull-gadgets" verwendet, die den Trainingserfolg messbarer zu gestalten. Zu diesen gehören „Smart Watches" und „Fitnessarmbänder". Mit diesen lässt sich mittlerweile eine große Anzahl an Parametern erfassen, machen eine Trainingsdokumentation transparent und ergänzen die Trainingsplanung. Es wird die zurückgelegte Strecke, die Geschwindigkeit, die Zeit, die Höhenmeter und der Puls angezeigt. Der Kunde kann durch die erfassten Daten selbst erkennen was sich positiv und was negativ auf seinen Trainingszustand auswirkt und entwickelt daher ein verbessertes Einschätzungsvermögen bezüglich des Trainingszustandes. Es ist dem Kunden somit möglich, außerhalb eines Fitnessstudios Daten zu seinem Fitnesslevel zu erfassen. Diese Daten können optimal von Trainern in Fitnessstudios genutzt werden, da es mit dieser Dokumentation möglich ist, den Kunden seinen Fleiß oder Fehlverhalten nachzuhalten. Damit können die Kunden durch die Trainer individueller beraten werden und Trainings- und Ernährungspläner optimiert werden.

Eine Installation von WLAN-Routern ist in dieser Zeit des digitalen Wandels unerlässlich. Die Mitglieder können zur Nutzung des WLAN-Spots ihre Daten eingeben, durch Ergänzung eines Passworts erstellen sie sich ein Zugangslogin. Bei Erstellung eines Login-Accounts wird ein Abonnieren des Studionewsletters zugestimmt, somit wird durch die Sammlung der Kundendaten und Zustimmung der Datennutzung einer höheren Reichweite für Werbung generiert. Jeder der sich einloggt, demnach auch nicht Mitglieder, werden mit Neuigkeiten zum Studio informiert.

Um das Thema Werbung im Bereich Marketing noch weiter auszubauen, wird der Trend der Digitalisierung und Auslegung auf Social -Media-Kanäle verstärkt genutzt. Dazu wird eine Internetpräsenz auf den am häufigsten genutzten Sozialen-Plattformen erstellst und mit regelmäßigen Neuigkeits-Updates versorgt. Zu den in Erwägunggezogenen Plattformen gehören: Facebook, Instagram, Youtube, Google Plus, Snapchat Und eine Homepage. Das regalmäßige „uploaden" von Neuigkeiten im Bereich Training, Ernährung, Studio Allgemein, soll den Bekanntheitsgrad des Unternehmens steigern, die Informations-Reichweite erhöhen und Kunden in das Unternehmen locken.

Ein weiter wachsender Trend ist die Nutzung von elektronisch gestützten Trainingssystemen. Immer mehr Studios nutzen diese Variante von Trainingsgeräten, da die Kunden in kürzester Zeit, durch einfache Bedienung, selbstständig effektiv und unter richtiger Ausführung trainieren können. Die Zielgruppe für ein solches System ist breit gefächert. Von Anfänger, aufgrund der einfachen Bedienung über stark Beschäftigte mit wenig Zeit ist alles vertreten. Besonders hervorzuheben ist das Milon-System. (milon industries GmbH, 2016) Der Milon-Zirkel zeichnet sich durch die genannten Vorteile aus. Um an den Geräten trainieren zu können, werden elektronische Karten oder Chips auf den jeweiligen Kunden registriert. Im Anschluss wird jedes Gerät individuell auf den Kunden eingestellt. Nach einer Einstellungsrunde, Von Sitz- Hebelarmen und Polstern, kann der Kunde selbstständig und sicher in seinem Zirkel trainieren. Die Anpassung von Wiederständen können vom Gerät automatisch eingestellt werden.

Chancen der Digitalisierung (drei Aspekte):

1. Einsparen: Das Einsparen von Kosten und Zeit sind wesentlicher ökonomische Faktoren. Das Werben und Mitteilen ist nie so günstig, gewesen wie in Zeiten der Digitalisierung. Printmedien beispielsweise werden nur noch bedingt eingesetzt. Der Kunde kann mit wenigen Mausklicks erreicht werden.

2. Werbemöglichkeit: Die Möglichkeit durch Social Media leichter Werbung mit erhöhter Reichweite zu schalten und durch die Anmeldung leichter an Kundendaten heranzukommen und diese zu nutzen ist als Chance zu werten.

3. Kundendaten: Durch die Abgabe von Kunden-Daten, ist eine statistische Erhebung zur Gewinnmaximierung leicht durchzuführen. Trainingshäufigkeit und Trainingsdauer können ohne weiteres durch Einchecksysteme erfasst werden. Durch die persönlichen Daten und das Einchecksystem lässt sich auch auf den Altersdurchschnitt schließen, wann „boom"- und wann ruhige Zeiten im Studio sind. Die gesamte Club-Organisation lässt sich dadurch besser steuern.

Risiken der Digitalisierung (drei Aspekte):

1. Home-Workout versus Studio: Die Zahl der Fitness-Applikationen und Online-Anbieter wächst. Durch das wachsende „Gesundheitsbewusstsein der Gesellschaft" neigen mehr Kunden der Fitnessbranche dazu, das Training im klassischen Fitness- und Gesundheitsstudio aufzugeben und rein mit der Unterstützung des Online-Programms zu trainieren. Das bedeutet einen Verlust von Mitgliederzahlen.

2. leichte Vergleichbarkeit: Der Verbraucher ist in der Lage im Internet alle für ihn/ sie wichtige Informationen zum Fitness- / Gesundheitsanbieter herauszufiltern und mit der Konkurrenz zu vergleichen. Leistungsangebote, Bewertungen und Preise sind transparent aufgeführt. Negative Bewertungen können somit Ausschlusskriterium sein und Ursache für eine Entscheidung eines Konkurrenten, obwohl diese unter Umständen unbegründet gewesen sind und nur subjektiv aufgrund eines schlechten Tages niedergeschrieben wurden.

3. vereinfachter Informationskanal: Die Digitalisierung ermöglicht es eine unendliche Bandbreite an Informationen im Internet zu finden. Die Informationsbeschaffung des Kunden wird durch das Internet stark vereinfacht. Durch das endlose Angebot, hat der Kunde wie im vorrangegangenem Aspekt beschrieben, viele Alternativen zur Auswahl, wodurch die Preissensibilität steigt. Höhere Preise sind schwer durchzusetzen.

5   Literaturverzeichnis

Berlin-Institut.org .(2016): Berlin-Institut für Bevölkerung und Entwicklung.- *Deutschland- eines der kinderärmsten Länder.* Zugriff am 07.09.2016 unter http://www.berlin-institut.org/online-handbuchdemografie/bevoelkerungsdynamik/regionale-dynamik/deutschland.html

Controlingportal. de (2016): Controllingportal.de. *SWOT-Analyse* . Zugriff am 05.09.2016 unter http://www.controllingportal.de/Fachinfo/Grundlagen/SWOT-Analyse.html

Designtagebuch (2012): Mc Fit. *McFit mit neuem Corporate Design.* Zugriff am 08.09.2016 unter http://www.designtagebuch.de/mcfit-mit-neuem-corporate-design/

Designtagebuch.de (2015): *Daimler AG. Neues Corporate Design für Daimler AG*

Dr. G. Hackford (2015): *Digital Fitness – Wachstumsperspektiven für die Fitnessbranche.* Digitale Fitness-Angebote. Zugriff am 07.09.2016 unter file:///C:/Users/Pascal/Desktop/Marketing%20II/Studie%20Digitale%20Fitness%20Angebote.pdf

Dr. G. Hackford (2015): *Digital Fitness – Wachstumsperspektiven für die Fitnessbranche. Digitale* Fitness-Angebote. Zugriff am 07.09.2016 unter file:///C:/Users/Pascal/Desktop/Marketing%20II/Studie%20Digitale%20Fitness%20Angebote.pdf

Fitness First Germany Gmbh (2016): *fitnessfirst.de.* Homepage Zugriff am 06.09.2016 unter https://www.fitnessfirst.de/

Frankfurter Neue Press (2016): fnp.de: *Fitness boomt und wird zunehmend digital.* Homepage Zugriff am 05.09.2016 unter http://www.fnp.de/ratgeber/gesundheit/Fitness-boomt-und-wird-zunehmend-digital;art339,1647364

G. Grasset, (2015): Lokad.com *Konkurrenzorientierte Preisbestimmung.* Zugriff am 02.09.2016 unter https://www.lokad.com/de/konkurrenzorientierte-preisbestimmung

Health City Germany GmbH (2016):.*Health City* Homepage Zugriff am 05.09.2016
unter

https://www.healthcity.de/join5weekprogram?gclid=COC61Oe9h88CFcsK0wo
dcugEnQ

Horizont.net (2013): *Gregor Gründgens im Interview. Warum Vodafone seine Corporate
Identity überarbeitet.* Zugriff am 08.09.2016 unter
http://www.horizont.net/marketing/nachrichten/Warum-Vodafone-seine-
Corporate-Identity-ueberarbeitet-Gregor-Gruendgens-im-Interview-116491#fb-
root

Inbody (): Inbody.de. *InBody – Erfolge werden sichtbar.* Zugriff am 4.09.2016 unter
http://www.inbody.de/

Interview 1: Panzeri, A. (2014). Mit Köpfchen. werbewoche (05). TOP2 8-9. DHfPG
Einsedeaufgaben Textvorgabe

Interview 2: fitness MANAGEMENT international (2014). *Kieser Training - Imageanpassung.* fitness MANAGEMENT international (02/14). 86-89. DHfPG
Einsedeaufgaben Textvorgabe

Justfit-Clubs.de. (2016): *Just Fit Verwaltungs GmbH & co.KG.* Homepage Zugriff am
05.09.2016 unter https://www.justfit-clubs.de/

Manager-wiki.com (2016): manager Wiki - *Branchenstrukturanalyse (Five Forces)
nach Porter.* Zugriff am 04.09.2016 unter http://www.manager-
wiki.com/externe-analyse/22-branchenstrukturanalyse-qfive-forcesq-nach-
porter

McFit Pressemitteilung. (2013): *„Der Wille in dir" – Kampagne von McFit appelliert
an die eigene Entschlossenheit.* Saarbrücken: McFit GmbH, Presseteam Zugriff
am 08.09.2016 unter
https://www.mcfit.com/files/mcfit/presse/PM_McFIT_Der_Wille_in_dir.pdf

milon industries GmbH. (2016):*Der Milon Kraft-Ausdauer Zirkel.* Hompage. Zugriff
am 10.09.2016 unter http://www.milon.com/

Olbricht,R. (2001). *Marketing – Eine Einführung in die marktorientierte
Unternehmnesführung.* Berlin, Heidelberg: Springer Verlag

R. Knop, (2009): *Erfolgsfaktoren strategischer Netzwerke kleiner und mittelständischer Unternehmen- Ein IT-gestützter Wegweiser zum Koorperationserfolg.* Abbildung 17: Das Fünf-Kräfte-Modell. Deutschland: Gabler Edition Wirtschaft

Runtastic.com (2016): *runtastic GmbH.* Homepage. Zugriff am 09.09.2016 unter https://www.runtastic.com/de/

Sobhani,B. (2009). *Strategisches Management – Zukunftssicherung für Krankenhaus und Gesundheitsunternehmen.* Berlin: Medizinische Wissenschaftliche Vertragsgesellschaft mbh und c& Co.KG

Sobhani,B. (2009). Strategisches Management – *Zukunftssicherung für Krankenhaus und Gesundheitsunternehmen.* Berlin: Medizinische Wissenschaftliche Vertragsgesellschaft mbh und c& Co.KG

Telekom-presse.at (2013): T-*Mobile mit neuem Markenauftritt: Logo, Slogan und Corporate Design überarbeitet.* Homepage Zugriff am 07.09.2016 unter http://www.telekom-presse.at/t-mobi-le_mit_neuem_markenauftritt_logo_slogan_und_corporate_design_ueberarbeitet.id.25385.htm

Wirtschaftslexikon.gabler.de (2016): Springer Gabler. *SWOT-Analyse.* Zugriff ma 06.09.2016 unter http://wirtschaftslexikon.gabler.de/Definition/swot-analyse.html

Wirtschaftslexikon24.com. (2014). *Preisbildung.* Zugriff am 30. 08 2016 unter http://www.wirtschaftslexikon24.com/d/preisbildung/preisbildung.htm

Zugriff am 08.09.2016 unter http://www.designtagebuch.de/neues-corporate-design-fuer-daimler-ag/

6 Abbildungs- und Tabellenverzeichnis

6.1 Abbildungsverzeichnis

6.2 Tabellenverzeichnis

BEI GRIN MACHT SICH IHR WISSEN BEZAHLT

- Wir veröffentlichen Ihre Hausarbeit,
  Bachelor- und Masterarbeit

- Ihr eigenes eBook und Buch -
  weltweit in allen wichtigen Shops

- Verdienen Sie an jedem Verkauf

Jetzt bei www.GRIN.com hochladen und kostenlos publizieren